BEI GRIN MACHT SICH IHR WISSEN BEZAHLT

AF145512

- Wir veröffentlichen Ihre Hausarbeit,
  Bachelor- und Masterarbeit

- Ihr eigenes eBook und Buch -
  weltweit in allen wichtigen Shops

- Verdienen Sie an jedem Verkauf

Jetzt bei www.GRIN.com hochladen und kostenlos publizieren

Bibliografische Information der Deutschen Nationalbibliothek:

Die Deutsche Bibliothek verzeichnet diese Publikation in der Deutschen National-bibliografie; detaillierte bibliografische Daten sind im Internet über http://dnb.d-nb.de/ abrufbar.

Impressum:

Copyright © 2018 GRIN Verlag
Druck und Bindung: Books on Demand GmbH, Norderstedt Germany
ISBN: 9783668821620

Dieses Buch bei GRIN:

https://www.grin.com/document/445220

Steven Böhm

Marketing. Von der Positionierung am Markt bis hin zur Gestaltung der Werbemaßnahmen eines Fitnessstudios

GRIN Verlag

GRIN - Your knowledge has value

Der GRIN Verlag publiziert seit 1998 wissenschaftliche Arbeiten von Studenten, Hochschullehrern und anderen Akademikern als eBook und gedrucktes Buch. Die Verlagswebsite www.grin.com ist die ideale Plattform zur Veröffentlichung von Hausarbeiten, Abschlussarbeiten, wissenschaftlichen Aufsätzen, Dissertationen und Fachbüchern.

Besuchen Sie uns im Internet:

http://www.grin.com/

http://www.facebook.com/grincom

http://www.twitter.com/grin_com

Deutsche Hochschule für
Prävention und Gesundheitsmanagement
Hermann Neuberger Sportschule 3
66123 Saarbrücken

Hausarbeit (kollektive Prüfungsleistung)

Name, Vorname	Böhm, Steven
Modul	Marketing 1
Studiengang	Sportökonomie
Datum Präsenzphase	2.5.18-4.5.18
Studienort	Düsseldorf
Gruppe bzw. zu bearbei-tende Stadt	Dortmund
Unternehmenstyp*	**EMS- Studio**

* abhängig von Aufgabenstellung: jeweils den zu bearbeitenden „Unternehmenstyp" eintragen

Inhaltsverzeichnis

Teilaufgabe 1.1

Da wir uns mit unserem Produkt im Premiumsegment befinden und uns hochpreisig am Markt positionieren, sollte die Zielgruppe primär ausreichend Kaufkraft mit sich bringen. Fortschreitend wollen wir potenzielle Kunden ansprechen, die Rücken- oder Nacken Schmerzen haben, die Fett verlieren wollen oder Muskeln mit geringem Trainingsaufwand aufbauen möchten. Da die Trainingsform nur einmal pro Woche für 20 Minuten ausgeübt wird, liegt es Nahe Menschen zu akquirieren die wenig Zeit haben um Sport zu treiben.

In Anbetracht der marketingpolitischen Instrumente bieten wir den Kunden, durch die Produktpolitik ein für jeden einzelnen individualisiertes EMS- Training, sowie eine im Preis enthaltene Ernährungsberatung und einer Auswahl von Nahrungsergänzungsmitteln. Zusätzlich erhält jedes Mitglied Zugang zu unserem kleinen Wellnessbereich, bestehend aus einer Sauna, einem Eisbecken und Wasserfallduschen. Der Grundnutze für die Konsumenten liegt darin, ein hoch effektives Trainings mit minimalem Aufwand zu gestalten.

Die hohe Preisbildung setzt sich unter Anderem aus der modernen Einrichtung, dem qualifizierten Personal und dem hochwertigen Trainingsequipment zusammen. Unterstrichen durch diese genannten Punkte unterscheiden wir uns vom Wettbewerb. Des Weiteren herrscht ein sehr hoher Hygienestandard sowie eine Zertifizierung durch den TÜV, welche es ebenfalls klar von den Wettbewerbern zu differenzieren gilt.

Letztlich befassen wir uns mit der Distributionspolitik, bei der zunächst einmal festzustellen ist, dass wir bei unserem Produkt beziehungsweise Dienstleistung das Uno-Actu Prinzip vorfinden. Dieses besagt, dass sowohl die Produktion als auch der Konsum zeitlich zusammen geschehen. Somit können wir mit unserer Dienstleistung als EMS Training, die Marketinglogistik weitestgehend unberührt lassen.

Teilaufgabe 1.2

Wie bereits erläutert positionieren wir uns mit unserer Dienstleistung hoch am Markt und suchen uns deshalb einen Stadtteil, indem wir eine höhere Kaufkraft vorfinden. Mein ausgewählter Standort für das EMS Studio ist an der Wittbräuckerstr 370 in 44267 Dortmund. Das Objekt wurde erst vor ca. 4 Monaten errichtet, liegt unmittelbar an der Hauptstraße und bietet trotz alledem genügend Parkplätze für die Kunden. Im Hinblick auf die

Erreichbarkeit haben wir zum einen 3 Bushaltestellen in direkter Nähe, sodass die Filiale über mehrere Buslinien anzusteuern ist. Zum anderen besteht die Möglichkeit mit einer maximalen Fahrzeit von 6 Minuten (siehe Openrouteservice) auf eine der Beiden Autobahnen zu gelangen. Die Wohngegend im Stadtteil Höchsten begrenzt sich größtenteils auf Einfamilienhäuser und Eigentumswohnungen, was unserer festgelegten Zielgruppe sehr entgegen kommt und es uns erleichtert die Dienstleistung an den Konsumenten zu bringen. Des Weiteren ist zu erwähnen, dass die Filiale einen zusätzlichen Attraktivitätsbonus erhalten wird, da der Gebäudekomplex wie bereits erwähnt erst wenige Monate besteht und die Menschen sich dadurch angezogen fühlen dort hinzu gelangen. Letzteres finden wir sowohl im selben Komplex als auch rings herum Lebensmittelgeschäfte sowie eine Sparkasse vor, wodurch täglich für eine hohe Anzahl an Laufkundschaft vor der Filiale gesorgt ist.

Teilaufgabe 1.3

Figure 1: Karte der Marktgebiete, Wettbewerbern und eigener Standort

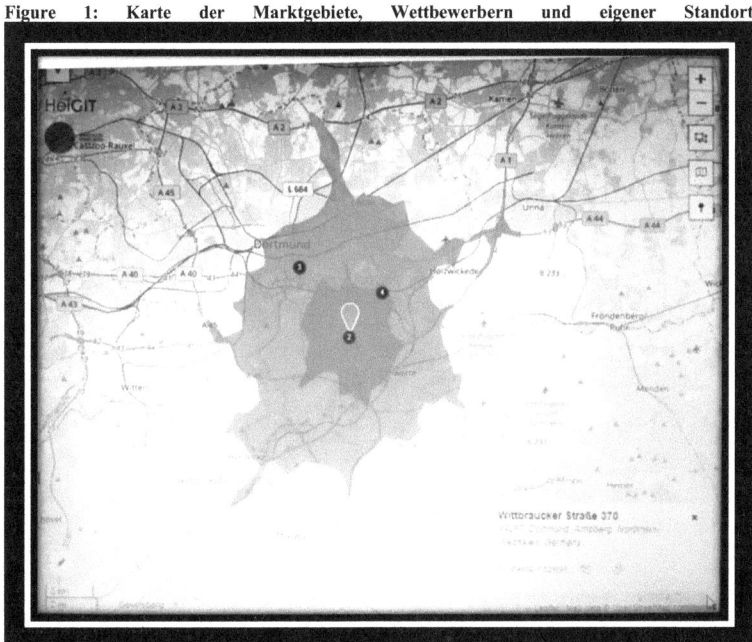

Wie der Karte zu entnehmen ist, sind drei Standorte markiert. Die Nummer 2 zeigt unseren Standort für das EMS Studio und die Markierungen 3 und 4 zeigen jeweils die Objekte der Wettbewerber. Die beiden Marktgebiete sind wie vorgegeben nach der Zeit- Distanz Methode begrenzt worden, welche sich auf 6 Minuten beim ersten und 12 Minuten beim zweiten Gebiet belaufen.

Teilaufgabe 1.4

Der Reihenfolge nach beginnen wir mit dem Kaufkraftindex (Stand 2017) für die Stadt Dortmund, der bei 91,8 liegt. Dem entsprechend landen wir unter dem Normwert von 100, was bedeutet, dass es schwieriger wird Kunden zu finden mit einer ausreichenden Kaufkraft. Aufgrund dessen haben wir uns für unsere Filiale einen Stadtteil ausgesucht, in dem die Einwohner ein überdurchschnittliches Jahreseinkommen haben.

Im Blick auf die Arbeitslosenquote ordnet sich Dortmund mit einem Wert von 10,6% ein (Stand Mai 2018).

Tabelle 1 : Arbeitslosenquote von Dortmund im Vergleich

Stadt	Arbeitslosenquote in Prozent
Düsseldorf	6,8
Köln	8,2
Dortmund	10,2
Essen	11,1
Duisburg	11,8

Anhand der Tabelle lässt sich sagen, dass Dortmund im Vergleich zu den anderen Großstädten in NRW in der Mitte ein zu ordnen ist.

In Betracht der Altersverteilung in Dortmund spiegelt sich der allgemeine demographische Wandel wieder

Tabelle 2 : Altersverteilung in Dortmund

Alterseinstufung in Jahren	Anteil in Prozent
18-40	29,6
40-65	34,4
65+	20,0

Aufgrund der Altersbeschränkung von EMS Training ab 18 Jahren sind die jüngeren Altersstufen nicht aufgelistet. Auch ohne die übrigen prozentualen Verteilungen ist klar ersichtlich, dass in Dortmund ein deutlicher Überschuss an älteren Bürgern herrscht. Diese Altersverteilung kommt unserem Unternehmenstypen sehr entgegen, da unsere im Vorfeld bestimmte Zielgruppe genügend Kaufkraft oder altersbedingte Symptome mit sich bringen muss. Genau diese Merkmale findet man oft bei Menschen im mittleren bis höherem Alter vor. Ausnahmen sind beispielsweise junge Menschen die ein erhöhtes Einkommen besitzen, oder jobbedingte Rücken- oder Nackenschmerzen aufweisen.

Nachdem wir die Kaufkraft, die Arbeitslosenquote sowie die Altersverteilung der Stadt Dortmund ermittelt haben, widmen wir uns nun der Einwohnerzahlen in unseren Marktgebieten. Diese sind aufgeschlüsselt nach dem jeweiligen Stadtteil und Marktgebiet.

Tabelle 3 : Marktgebiet 1

Stadtteil	Einwohnerzahl in Tsd
Hörde	3.567 (2015)
Benninghofen	4.657 (2015)
Loh	3.842 (2015)
Wichlinghofen	2.415 (2015)
Wellinghofen	3.774 (2015)
Holzen	6.632 (2015)
Höchsten	2.357 (2015)
Berghofen	6.287 (2015)
Aplerbecker Mark	4.241 (2015)
Aplerbeck	3.958 (2015)
Berghofen Mark	2.307 (2015)
Summe der Einwohnerzahlen	44.037

Tabelle 4 : Marktgebiet 2

Stadtteile	Einwohner in Tsd
Körne	9.320 (2015)
Wambel	2.393 (2015)
Brackel	7.566 (2015)
Neuasseln	0,744 (2015)
Schüren	9.671 (2015)
Sölde	5.758 (2015)
Sölderholz	3.634 (2015)
Lichtendorf	2.427 (2015)
Syburg	0,927 (2015)
Buchholz	0,532 (2015)
Kirchhörde	6.284 (2015)
Lücklemberg	4.795 (2015)
Löttringhausen	1.873 (2015)
Hombruch	5.497 (2015)
Renninghausen	3.069 (2015)
Brünninghausen	0,894 (2015)
Schwerte Ergste	7.059 (2013)
Schwerte Westhofen	5.388 (2013)
Schwerte Villigst	3.243 (2013)
Schwerte Wandhofen	2.086 (2013)
Summe der Einwohnerzahlen	83.160

Nachdem die Einwohnerzahlen von beiden Markgebieten bestimmt wurde (siehe Tab.3 und Tab.4), gehen wir wie vorgegeben bei dem zweiten Markgebiet von einer Gewichtung von 70% aus. Somit haben wir für das erste Marktgebiet eine Einwohnerzahl von 44.037 und für das zweite Marktgebiet 58.212. Durch die Addition der beiden Gebiete erhalten wir somit eine Gesamteinwohnerzahl von 102.249. Von dieser Summe ausgehend, rechnen wir weiter mit einem Marktpotenzial von 12 %. Nachdem wir auch diesen Schritt berechnet haben, ergibt sich ein Gesamtmarktpotenzial von aufgerundeten 12.270 möglichen Kunden.

Teilaufgabe 1.5

Beginnen wir mit dem konventionellen Fitnessstudio McFit in Dortmund Aplerbeck. Die Produktpolitik dieses Studios basiert auf einer einmaligen Einweisung der Ausdauer- und Kraftgeräte. Darauf aufbauend besteht die Möglichkeit Kurse zu belegen, die in einem regelmäßigen Zyklus Woche für Woche wiederholt werden. Zusätzlich bietet dieses Studio in dafür vorgesehen Automaten Nahrungsergänzungsmittel allerdings gegen Aufpreis. Letzteres befindet sich innerhalb des Studios ein extra Raum für Hobbyboxer, welcher mit Boxequipment wie beispielsweise Boxsäcken etc. ausgestattet ist.

Die Positionierung dieser Fitnesseinrichtung lässt sich im niedrigen Preissegment wiederfinden und misst sich somit mit anderen konventionellen Fitnessstudios in derselben Preiskategorie.

In Anbetracht der Fakten, ist vorweg zu widerholen, dass es sich um ein konventionelles Studio handelt und somit nicht in den Direkten Vergleich gezogen werden kann. Trotzdem etabliert sich McFit durch günstige Mitgliedsbeiträge und einer sehr großen Auswahl an Trainingsgeräten. Direkte Schwächen sind primär die fehlende 1 zu1 Betreuung, da aufgrund der hohen Besucherzahl pro Tag, keine ausreichende Betreuung für jeden Kunde zu gewährleisten ist. Die zweite Schwäche leitet sich aus den günstigen Mitgliedsbeiträgen ab, da an nahezu jeder Uhrzeit eine Überfüllung des Studios vorhanden ist und somit viele Sportler lieber auf eine andere Fitnesseinrichtung ausweichen.

Der zweite Wettbewerber (BeBody) bewegt sich genau wie wir auch auf dem EMS Markt und ist somit ein direkter Konkurrent. BeBody bietet ebenfalls EMS Training sowie Ernährungsberatung. Im Vergleich zu anderen EMS Studios positioniert sich BeBody im unteren bis mittleren Preissegment, da sie beispielsweise auch 10er Karten oder diverse andere Angebote aufführen. Direkte Stärken sind wie schon erwähnt die verhältnismäßig günstigen Beiträge sowie das Komplettparket aus Training und Ernährungsberatung. Zwei zentrale Schwächen sind beispielsweise das oftmals unqualifizierte Personal, sowie Trainingsgeräte, welche nicht vom qualitativ hochwertigen Marktführer (miha Bodytec) sind. Im direkten Vergleich haben wir Überschneidungen beim Training an sich, sowie bei der Ernährungsberatung. Dazu anknüpfend ist aber klar zu differenzieren, dass wir ausschließlich qualifiziertes und geschultes Personal einsetzen. Des Weiteren bieten wir den Kunden eine qualitativ hochwertige und vielfältige Auswahl an Nahrungsergänzungsmitteln vor Ort, sowie regelmäßige externe Events mit bzw. für die Kunden. Beispiele dafür wären Sommer/ Winterfeste oder zusätzlich angesetzte Ernährungsabende. Letzteres ist zu erwähnen, dass wir sämtliches Trainingsequipment sowie Trainingsgeräte nur vom Marktführer (mihaBodytec) benutzen und somit zu 100% immer ein hochwertiges Training garantiert ist.

Teilaufgabe 2.1

Beschäftigen wir uns nun mit der Marketingplanung und der damit einhergehenden Budgetplanung. Starten wir mit der Berechnung der Marketingkosten pro Neukunde. Da es sich speziell bei unserem Unternehmenstypen um ein komplett neues Studio handelt, kalkulieren wir mit den vorgegebenen Werten aus der Aufgabenstellung. Somit belaufen sich die Marketingkosten pro Neukunde auf ca. 100€. Diese Zahl multipliziert man mit der geplanten Mitgliederzahl (entnommen aus der Aufgabenstellung) nach dem ersten Geschäftsjahr und man erhält eine Summe von 9000€ für das Jahresmarketingbudget.

Teilaufgabe 2.2

Nachdem wir uns bereits in der Aufgabe 1.1 mit den marketingpolitischen Instrumenten beschäftigt haben gehen wir nun im Rahmen der Marketingplanung auf die Kommunikationspolitik ein. Wie bereits vorgegeben, haben wir zum einen die klassische Werbung mit der wir uns genauer auseinandersetzen werden. Übrig bleiben uns noch zwei weitere Instrumente der Kommunikationspolitik, die wir im Folgenden speziell für unseren Unternehmenstyp auswählen und begründen werden. Im Bezug auf die erste Vermarktungskampagne beschäftigen wir uns mit drei Instrumenten der Kommunikationspolitik (Werbung, Öffentlichkeitsarbeit, Direktmarketing). Diese umfasst die systematische Planung, Gestaltung, Koordination und Kontrolle aller Kommunikationsmaßnahmen des Unternehmens im Hinblick auf alle relevanten Zielgruppen, um die Kommunikationsziele und damit die nachgelagerten Marketing- und Unternehmensziele zu erreichen (Meffert, Burmann & Kirchgeorg, 2012, S 606).

Wie in der Makroanalyse beschrieben, haben wir innerhalb des ersten Marktgebiets einen dichten Busverkehr und somit viele Bushaltestellen. Diese werden alle samt plakatiert. Des Weiteren werden Broschüre in jeden Briefkasten geworfen, sowie in umliegende Supermärkte und Arztpraxen verteilt. Mit der Öffentlichkeitsarbeit wird der Bekanntheitsgrad, speziell für unsere Zielgruppe erhöht und Vertrauen zum Kunden aufgebaut. Ergänzend wird durch die Kooperation mit einem Physiotherapeuten das Training bei uns, ins gute Licht gestellt und für ein gepflegtes Image gesorgt. Der direkte Kundenkontakt wird mit dem Direktmarketing aufgebaut, in dem ein „Tag der offenen Tür" organisiert wird.

Widmen wir uns den einzelnen Fragen für die Vermarktungskampagne. Beginnend mit dem Ziel der Kampagne sollen ganz klar Kunden beziehungsweise Leads generiert werden. Des Weiteren soll nach außen hin für jeden klar ersichtlich sein, dass wir uns als Premiumanbieter vorstellen und dies auch verkörpern in jeglicher Hinsicht.

Wie schon erwähnt beschäftigen wir uns mit der klassischen Werbung, dem Direktmarketing und der Öffentlichkeitsarbeit.

Beginnend mit der klassischen Werbung wird einen Monat vor der Eröffnung am 02.01.2019 eine Broschüre mit Bildern der Ausstattung, den räumlichen Gegebenheiten und der Programmpolitik erscheinen und diese werden jeweils in jeden Briefkasten des ersten Markgebiets (siehe Aufgabe 1.3) geworfen, sowie in Supermärkten und Arztpraxen verteilt. Des Weiteren weißt die Broschüre auf den „ Tag der offenen Tür" hin, um zusätzlich für diesen Tag zu werben. Ergänzend werden ab dem 01.12.2018 Plakate an Bushaltstellen und Litfaßsäulen mit Werbung plakatiert. Diese weisen das Firmenlogo, eine Person in EMS Kleidung sowie ein Sonderangebot auf. Das Sonderangebot ist nur gültig bei Vertragsabschluss innerhalb des ersten Monats nach Eröffnung und weist eine Ersparnis von 50€ auf, durch den Wegfall der Anmeldegebühr. Aufgrund der Kostenintensität werden ausschließlich und nur vereinzelnd Litfaßsäulen sowie Plakate benutzt.

Weiter geht es mit der Öffentlichkeitsarbeit, bei der wir primär den potenziellen Kunden die Angst sowie die Skepsis vor dem EMS Training nehmen wollen, aufgrund der Unsicherheit vor der Trainingsmethode und deren Gesundheit. Diese PR Arbeit entsteht in Kooperation mit einem regional bekannten und anerkannten Physiotherapeuten, da sich der eigentliche Ursprung der Elektromuskelstimulation in der Physiotherapie wieder findet, was sehr viele Menschen nicht wissen. Zusammenfassend soll die Trainingsform speziell für unseren Unternehmenstyp ins gute Licht gezogen werden und durch den regional bekannten Physiotherapeuten unterstützt werden, da sich durch eine ärztliche Empfehlung viele Menschen leiten und beeinflussen lassen.

Letzteres wird das Direktmarketing aufgeführt. Anhand dieses Instruments, wird es am 26.01.2019 eine Woche vor der Unternehmenseröffnung einen „Tag der offenen Tür" geben, an dem Showtrainings stattfinden sowie Catering für die Interessenten. Um eine Knappheit der Güter zu erzeugen, wird es ausschließlich an diesem Tag ein Gewinnspiel geben, bei dem sich die Interessenten mit ihrem Namen, ihrer Email Adresse sowie Telefonnummer eintragen müssen um daran teilnehmen zu können. Durch die Angabe der Email Adresse ermöglicht es uns im Sinne des Direktmarketing in der Zukunft Email Marketing zu benutzen. Verlost wird ein einmaliges Startpaket im Wert von 100€, welches ein Monat gratis Training und gestellte Trainingskleidung beinhaltet. Hintergrund für diese Art von Gewinnspiel ist, möglichst viele ausgefüllte Kontaktkarten zu sammeln um somit potenzielle Leads zu generieren, sowie im Besten Falle den Gewinner von dem Training zu überzeugen und nach dem gratis Monat an einem Vertrag zu binden.

Tabelle 5 : Vermarktungskampagne

Ziel der Vermarktungskampagne	Neukundengewinnung				
Inhalt der Kampagne	1. Plakate und Litfaßsäulen mit Werbung plakatieren 2. Broschüre für Briefkästen, Supermärkte und Arztpraxen 3. Öffentlichkeitsarbeit in Kooperation mit Physiotherapeuten 4. „Tag der offenen Tür"				
Zeiteinteilung (Inhalte der Kampagne)	1	2	3	4	Eröffnung
	01.12	02.01		26.01	02.02.2019
Erfolgskontrolle	• Befragung der Kunden bei der Bedarfsanalyse • Resultat eines Umfragetools				

Für den Eröffnungstag ist der 01.02.2019 eingeplant. Die Begründung dafür liegt auf der Hand, die Menschen wollen anfangen das schlechte Gewissen von den Weihnachtstagen abzubauen und sich fit für den Sommer machen. Zudem haben wir keine Feiertage sowie Ferien innerhalb des ersten Monats nach Eröffnung. Den einzelnen Inhalten der Kampagne bleiben ausreichend Zeit, um in Sinne der Mundpropaganda für Aufmerksamkeit zu sorgen.

Die Erfolgskontrolle lässt sich in die Bedarfsanalyse miteinbauen, sodass wir den Neukunden beim Erstkontakt beziehungsweise Probetraining fragen, wodurch er/sie auf uns aufmerksam geworden ist. Durch dieses Verfahren, lässt sich ebenso herausfinden, welche von uns eingesetzten kommunikationspolitischen Instrumente rentabel sind und welche nicht.

Teilaufgabe 2.3

Zu Beginn werden die vorgegeben 20% vom Jahresmarketingbudget errechnet um anschließend mit der Werbeträgerauswahl fort zu fahren. Von den in Aufgabe 2.1 berechneten 9000€ Jahresmarketingbudget erhalten wir für die davon abgezogenen 20% Einen Wert von 1800€. Im Sinne der Werbeplanung, wählen wir nun drei Werbemittel samt Werbeträger aus mit denen wir unsere in Aufgabe 1.1 definierte Zielgruppe ansprechen möchten unter Berücksichtigung der Kriterien zur Werbeträgerauswahl. Die drei von uns ausgesuchten Werbemittel beziehungsweise Träger sind Litfaßsäulen sowie Plakatwände (siehe Aufgabe 2.2), Flyer im Sinne der von uns gedruckten Infobroschüren und eine Anzeige innerhalb der Ruhrnachrichten durch die Öffentlichkeitsarbeit mit dem Physiotherapeuten. Da wir mit unserem Unternehmensstandort an einer Hauptstraße liegen, liegt es nahe die um liegenden Litfaßsäulen zu plakatieren, sowieso die in Aufgabe 2.2 erwähnt hohe Anzahl an Bushaltestellen ebenfalls mit Plakaten zu bekleben. Im Hinblick auf die einzelnen Stadtteile und deren Wohnsituationen, die durch Einfamilienhäuser und Eigentumswohnungen gekennzeichnet sind, gelingt es uns mit den Broschüren ein hohes Maß an Aufmerksamkeit zu bekommen und die vorab gewünschte Zielgruppe zu erreichen. Letzteres haben wir mit der Anzeige in den Ruhrnachrichten einen weiteren Werbeträger, der es uns ermöglicht an unsere Zielgruppe heran zu treten, da sich diese Tageszeitung meistenteils Menschen im mittleren bis hohen Alter sowie einem höherem Jahreseinkommen leisten können.

Unter Berücksichtigung der Kriterien zur Werbeträgerauswahl ist allgemein zu sagen, dass jeder der drei Werbeträger das Marktgebiet des Unternehmens abdeckt. Da wir mit den Litfaßsäulen und den Plakaten arbeiten, haben wir sowohl den Kundenkreis involviert, der mit den öffentlichen Buslinien unterwegs ist als auch den, der eventuell mit seinem eigenen PKW oder zu Fuß auf dem Weg ist. Somit haben wir zum einen außerhalb der Häuser und Wohnungen Werbeträger und zum anderen die Möglichkeit durch die Broschüren und Tageszeitung die potenziellen Kunden direkt zu Hause aufmerksam zu machen. Zusammenfassend hat der Interessent mindestens Chance einem der drei Werbeträger zu begegnen und wir erzielen maximale Aufmerksamkeit. Daraus lässt sich ebenso schlussfolgern, dass der potenzielle Kunde mindestens eine der Werbeträger nutzt und akzeptiert.

Teilaufgabe 2.4

Tabelle 6 : Kostenkalkulation

Werbemittel	Werbeträger	Stückzahl	Kosten	Sonstige Kosten	Gesamtkosten
Plakate	Litfaßsäulen /Plakatwände	3	684,00€	335,89€	1.019,89€
Flyer	Post	20.000	1.207,79€	/	1.207,79€
Anzeige	Tageszeitung	Titelkopfanzeigen Festgröße 2sp./50mm	867,36€	/	867,36€
Budget: 1800€			Summe Gesamtkosten: 3.095,04		

Resultierend aus Tabelle 6 überschreiten wir das errechnete Budget um 1.295,04€. Zu beachten ist jedoch, dass es sich bei dem gewählten Standort um einen preisintensiveren Stadtteil handelt und die Werbekosten dementsprechend höher sind. Voraussetzung dafür war aber, dass wir vorab eine Zielgruppe festgelegt haben, die eine überdurchschnittliche Kaufkraft aufweisen muss, damit wir rückwirkend eine hohe Mitgliederzahl erzielen können. Im Bezug auf Optimierungsmöglichkeiten, wird primär ein höheres Werbebudget benötigt, zumindest wenn man im selben Marktgebiet verbleiben möchte. Andererseits besteht die Möglichkeit, die Plakate oder die Anzeige durch Banner im Internet zu ersetzen um somit Kosten einzusparen. Dabei stellt sich wiederrum die Frage, ob diese Art von Werbung von der Zielgruppe akzeptiert wird. Letzteres ist es möglich einer der Beiden eben genannten Werbemittel zu entfernen und ausschließlich mit zwei Werbemitteln zu arbeiten und diese verstärkter einzusetzen.

Teilaufgabe 2.5

Mit dem Synergieeffekt, bezwecken wir ein Zusammenwirken der Unternehmenstypen als ein Ganzes. Somit schaffen wir für jeden Unternehmenstypen einen gleichzeitigen Mehrwert. Durch die geplanten Werbemaßnahmen, reizen wir die Menschen damit gesundheitsbewusster zu sein und mit geschärftem Blick, allgemein aufmerksamer auf Fitnessstudios und Gesundheitseinrichtungen jeglicher Art zu werden. Ergänzend ist zu erwähnen, dass aufgrund der unterschiedlichen Standorte der Unternehmenstypen, die Unternehmensgruppe zusätzlich an Bekanntheit innerhalb der gesamten Stadt gewinnt. Durch das Zusammenwirken der kommunikationspolitischen Instrumente, erreichen wir demnach maximale Aufmerksamkeit und erzielen im Besten Falle eine höhere Neumitgliederzahl. Des Weiteren sollte man Bezug zu den definierten Zielgruppen nehmen, da aufgrund der verschiedenen Unternehmenstypen und deren Werbekampagnen, möglicherweise Interessenten angelockt werden, die eventuell selbst nicht als Zielgruppe eingeschätzt wurden. Somit haben wir eine Erweiterung des Bekanntheitsgrades in allen Altersstufen für die gesamte Unternehmensgruppe. Als letzte Instanz können wir Neukunden bei Interesse Kooperationstarife anbieten, die sich darauf beschränken innerhalb der Unternehmensgruppe mehrere Studios benutzen zu dürfen.

Teilaufgabe 3

Nach Einsicht in die Hausarbeiten aller Gruppenmitglieder, kann nun ein abschließendes Statement für die gesamte Unternehmensgruppe getroffen werden. Allgemein ist es von Bedeutung, den Kaufkraftindex in Dortmund von momentanen 91,8 (siehe Aufgabe 1.4) in das Fazit mit zu involvieren. Unter der Voraussetzung dieses Indexes, fällt es primär den Studios mit hohen Mitgliedsbeiträgen schwer in Dortmund ausreichend Neumitglieder zu generieren. Nichts desto trotz haben wir die einzelnen Unternehmenstypen so positioniert, dass sie dem Cliente der jeweiligen Stadtteile angepasst sind. So hat jeder die für sich vorab definierte Zielgruppe im direkten Umfeld und es kann für genug Promotion und Interesse gesorgt werden. Ergänzend ist jeder der einzelnen Standorte auf eine gute bis sehr gute Verkehrsanbindung zurückzuführen. Zu erwähnen ist jedoch, dass es die Unternehmenstypen im mittleren bis niedrigeren Preissegment in Dortmund leichter haben werden als die, die sich im oberen Preissegment positionieren. Daraus ist abzuleiten, dass das Discount Studio und das vereinseigene Studio, aufgrund der niedrigen Mitgliedsbeiträge schneller ihre Ziele erreichen werden.

Eine Stärke die wir als Unternehmensgruppe nutzen können, ist die dichte Besiedlung innerhalb der Stadt, die primär für Mund zu Mund Propaganda enorm von Bedeutung ist. Abschließend startet die Unternehmensgruppe mit mehr Chancen als Risiken und einer vielfältigen Auswahl an zielführenden Werbekampagnen in das erste Geschäftsjahr.

4 Literaturverzeichnis

Arbeit, A. f. (Mai 2018). *Bundesagentur für Arbeit.* Abgerufen am Mai 2018 von https://statistik.arbeitsagentur.de/Navigation/Statistik/Statistik-nach-Regionen/BA-Gebietsstruktur/Nordrhein-Westfalen/Dortmund-Nav.html

Berthold Haermeyer, M. B. (Juli 2015). *dortmund.de* . Abgerufen am Juli 2015 von https://www.dortmund.de/media/p/statistik_3/statistik/veroeffentlichungen/jahre sberichte/Statistikatlas_2015.pdf

crossvertise. (kein Datum). *market.crossvertise.de.* Von https://market.crossvertise.com/de-de/mycrossvertise/shoppingcart/activecart abgerufen

dortmunderstastik. (31. Dezember 2016). *dortmund.de.* Abgerufen am 31. Dezember 2016 von https://www.dortmund.de/media/p/statistik_3/statistik/bevoelkerung/02_01_Bev oelkerung_Geschlecht_Altersgruppen.pdf

Gemeinden, E. d. (31. Dezember 2013). *kreis-unna.de.* Abgerufen am 31. Dezember 2013 von http://www.kreis-unna.de/fileadmin/user_upload/Daten_und_Fakten___Statistik/Bevoelkerung_Ei nwohner/EWO_Ortsteile_2013.pdf

HelloPrint. (kein Datum). *HelloPrint.de.* Von https://www.helloprint.de/broschueren-a5-8-90gsmsilk-90coversilk-20000#turnaround abgerufen

Leu. (kein Datum). *eatsmarter.de.* Von https://eatsmarter.de/abnehmen/news/ems-training abgerufen

Meffert, B. &. (2012). *Studienbrief* . BSA .

Patrick Voss. (2017). *IHK zu Dortmund* . (IHK, Hrsg.) Abgerufen am 2017 von file:///C:/Users/Steven/Downloads/Allgemeine-Kaufkraft.pdf

Ruhrnachrichten. (November 2017). *Ruhrnachrichten.de.* Abgerufen am November 2017 von https://www.ruhrnachrichten.de/Customimages/Anzeigen/gewerblich/Preislisten /Preisliste_Medienhaus%20Lensing%202018.pdf

5 Abbildungs- und Tabellenverzeichnis

5.1 Abbildungsverzeichnis

5.2 Tabellenverzeichnis